앉아, 앉아!

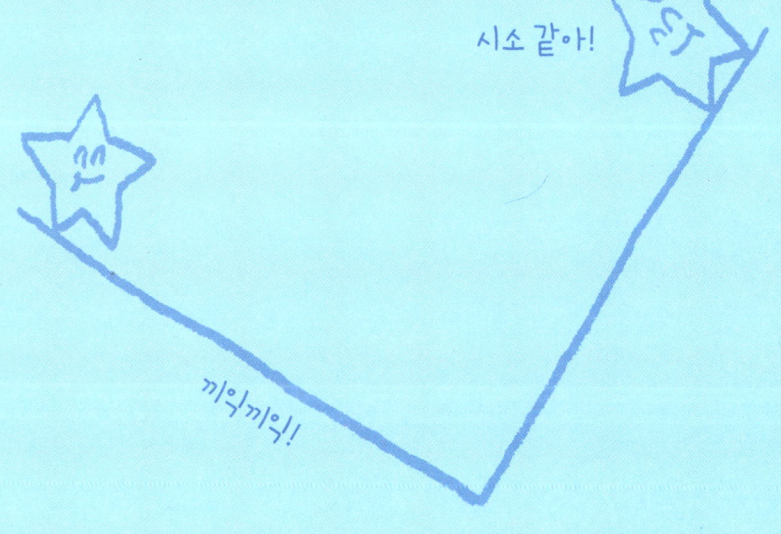

시소 같아!

끼익끼익!

의자일까?

머리에 써!

수학자는 이걸로 무얼 할까?

만만한수학5
그래프가 쭉쭉!

초판 1쇄 발행 2021년 4월 20일 | 초판 9쇄 발행 2025년 5월 20일
글 김성화·권수진 | 그림 한성민 | 책임편집 전소현 | 편집 이은희 | 디자인 하늘·민
펴낸이 전소현 | 펴낸곳 만만한책방 | 출판등록 2015년 1월 8일 제 2015-000008호
주소 서울 마포구 토정로 222 한국출판콘텐츠센터 305호 | 전화 070-5035-1137 | 팩스 0505-300-1137
전자우편 manmanbooks@hanmail.net | 인스타그램 instagram.com/manmani0401

ISBN 979-11-89499-16-7 74410 | 979-11-960126-0-1(세트)
ⓒ 김성화, 권수진, 한성민 2021

이 책은 저작권법에 따라 한국에서 보호받는 저작물이므로 무단전재와 무단복제를 금지하며, 이 책 내용의 전부 또는 일부를 이용하려면 반드시 저작권자와 만만한책방의 서면 동의를 받아야 합니다.
잘못된 책은 바꾸어 드립니다. 책값은 뒤표지에 있습니다.

| 제품명 아동도서 | 제조년월 2025년 5월 20일 | 사용연령 7세 이상
제조사명 만만한책방 | 제조국명 대한민국 | 전화번호 070-5035-1137
주소 서울 마포구 토정로 222 한국출판콘텐츠센터 305호
KC마크는 이 제품이 공통안전기준에 적합하였음을 의미합니다.

⚠ 주의
종이에 베이거나 긁히지 않도록
조심하세요. 책 모서리가 날카로우니
던지거나 떨어뜨리지 마세요.

만만한수학
그래프가 쭉쭉!

김성화 · 권수진 글 | 한성민 그림

만만한책방

점이 그래프가 된 이야기!

이게 뭐야?
"점이잖아!"

맞아. 점이야.
콕!
점이 어디에 있는지 말해 봐.

어디에 있냐고?

저~~~~~ 밑에 있잖아!

여기 있잖아!

저~~~~~ 위에 있잖아!

점이 돌아다녀?

"푸하하하."

"그게 어떻게 돌아다녀!"

"여기 있잖아. 여기."

그러니까 여기가 어디냐고?

"아이고, 답답해."

"여기 있잖아!"

"여ㅡㅡㅡㅡㅡ기."

'여기' '저기'는 수학이 아니야.
그런 건 수학이 아니라고!
"왜에— 왜에— 왜에?"
'여기' '저기' 말고
점이 딱 어디에 있는지 정확하게 말해야 돼.
"정확하게?"

아니 아니 아직도 아니야.
그런 건 수학이 아니라고!
"왜에— 왜에— 왜에?"
파란 수학 책인지
푸르뎅뎅 수학 책인지
꼬깃꼬깃 수학 책인지 알게 뭐야.
답답해, 답답해.
점이 있는데
그게 정확히 어디에 있는지 말을 못해.
어디에 있는지 몰라.
"몰라?"
몰라.
"그럼 어떡해?"
기다려.
"무얼?"
수 학 자 를!

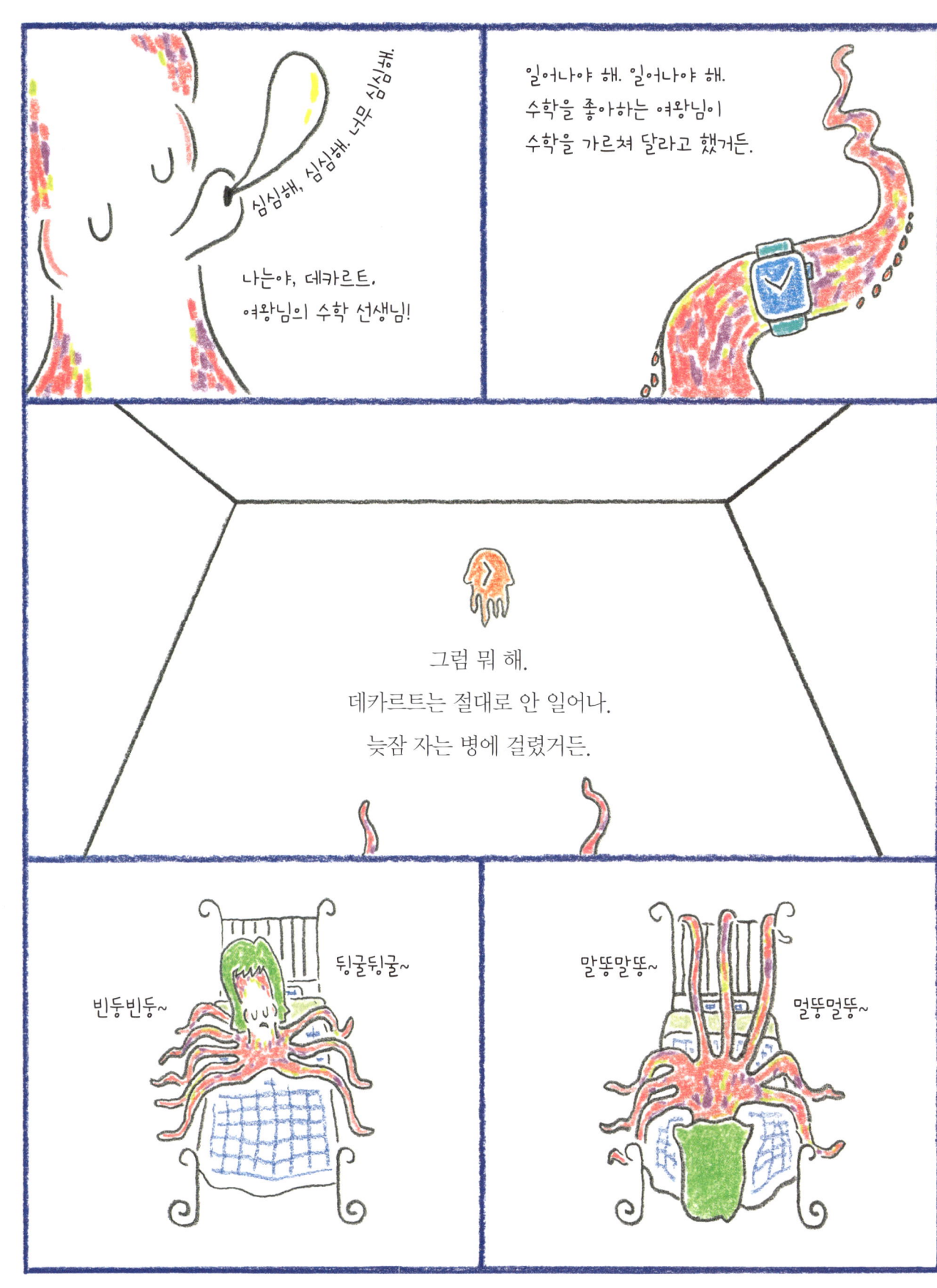

아, 저기 있다.

네모난 천장에 파리가 콕!

오오오오오오오오~~

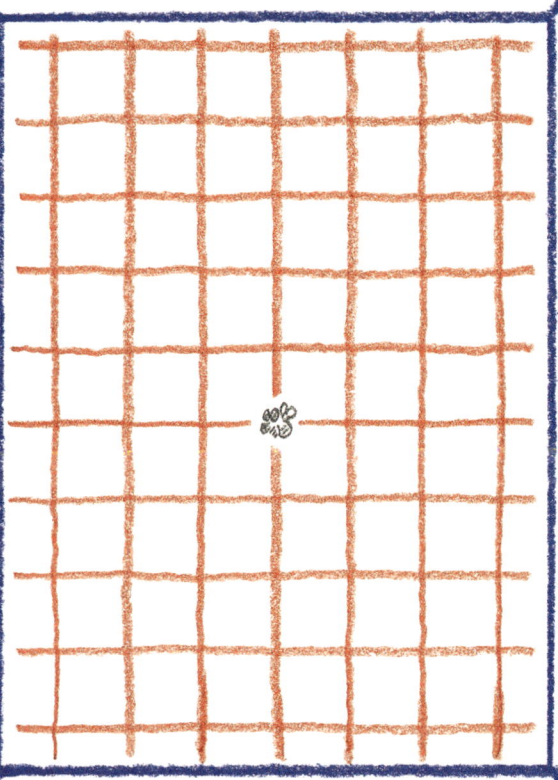

점이다.
……
앗!

데카르트가 벌떡 일어나 책상에 앉아.

종이를 꺼내.

쓱싹쓱싹~
지익지익~
뭔가가 있어.
뭔가가 나와.
옆으로 쭉쭉——
위로 쭉쭉——
놀라운 그림이 탄생해!
볼래?

"푸하하하."
"뭐야 뭐야? 니은이야?"
그림이야.
수학자가 발명했어.

"수학자가?"
"애걔걔!"
"나도 그릴래."
"나도 나도."
옆으로 쭉쭉--
위로 쭉쭉--

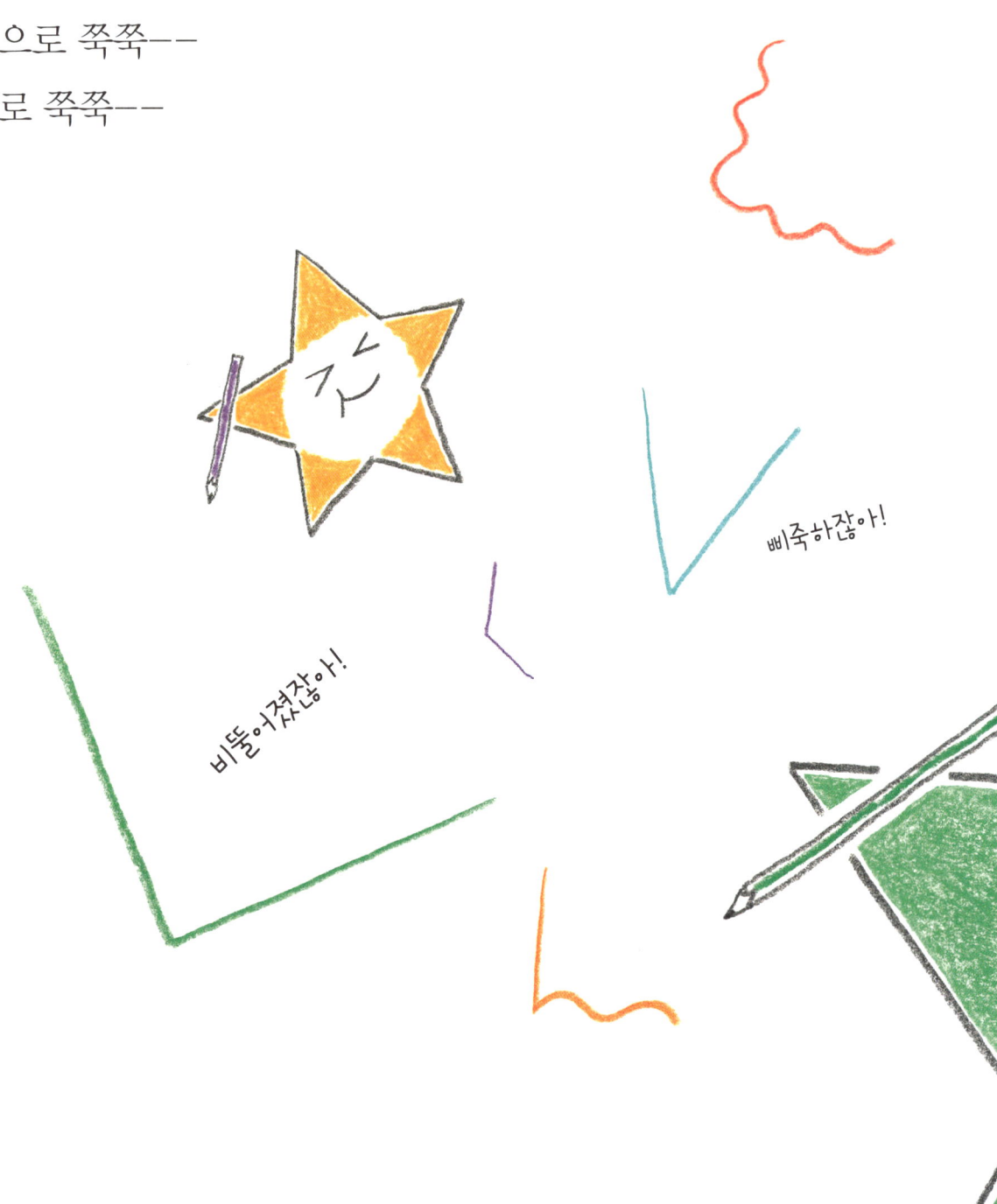

그랬어?
"그랬어!"
이제 파리를 데려와.
"무슨 파리?"
데카르트의 파리!
"데카르트의 파리?"
"파리로 뭐 하게?"
데려오면 알아.

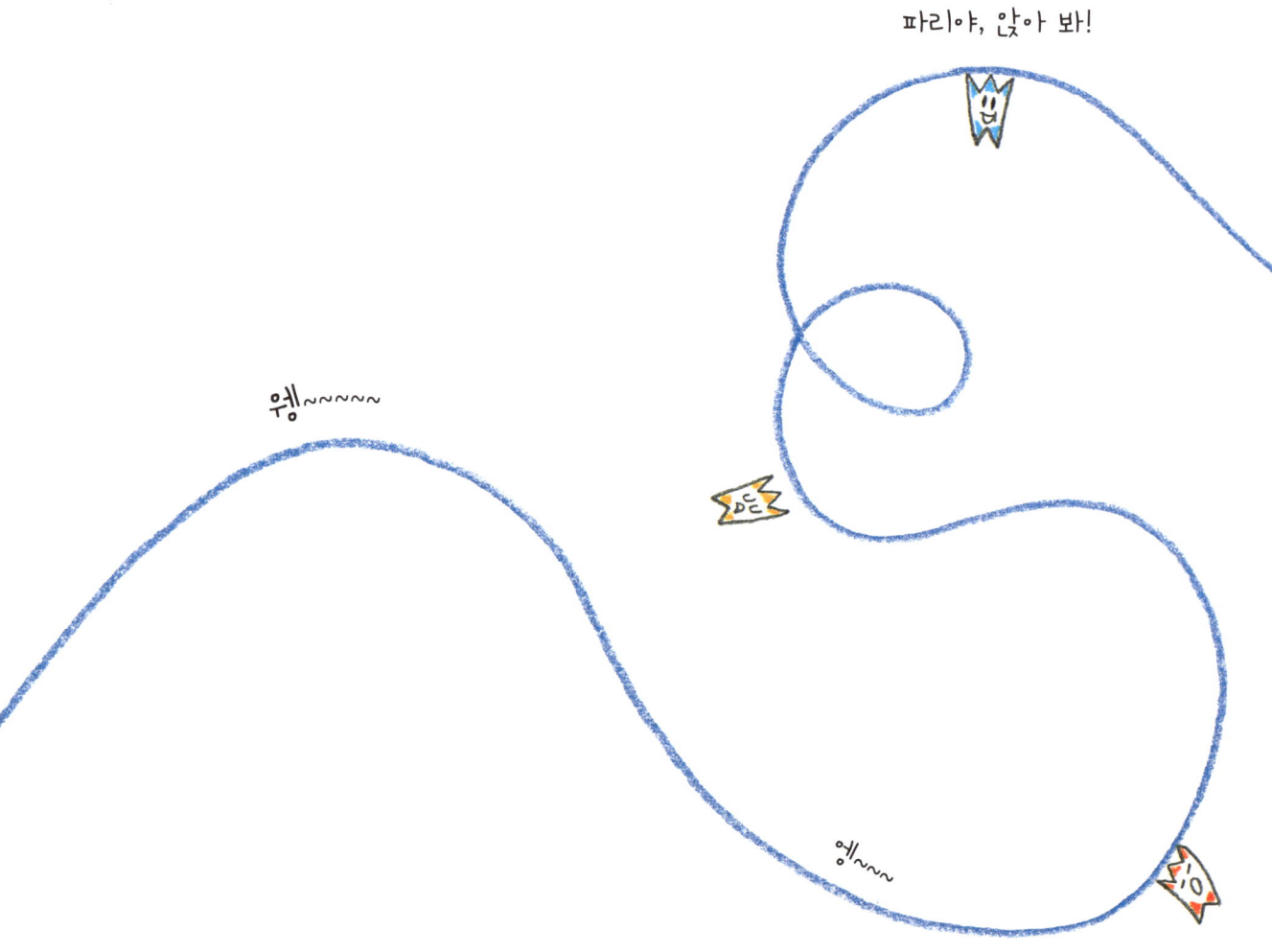

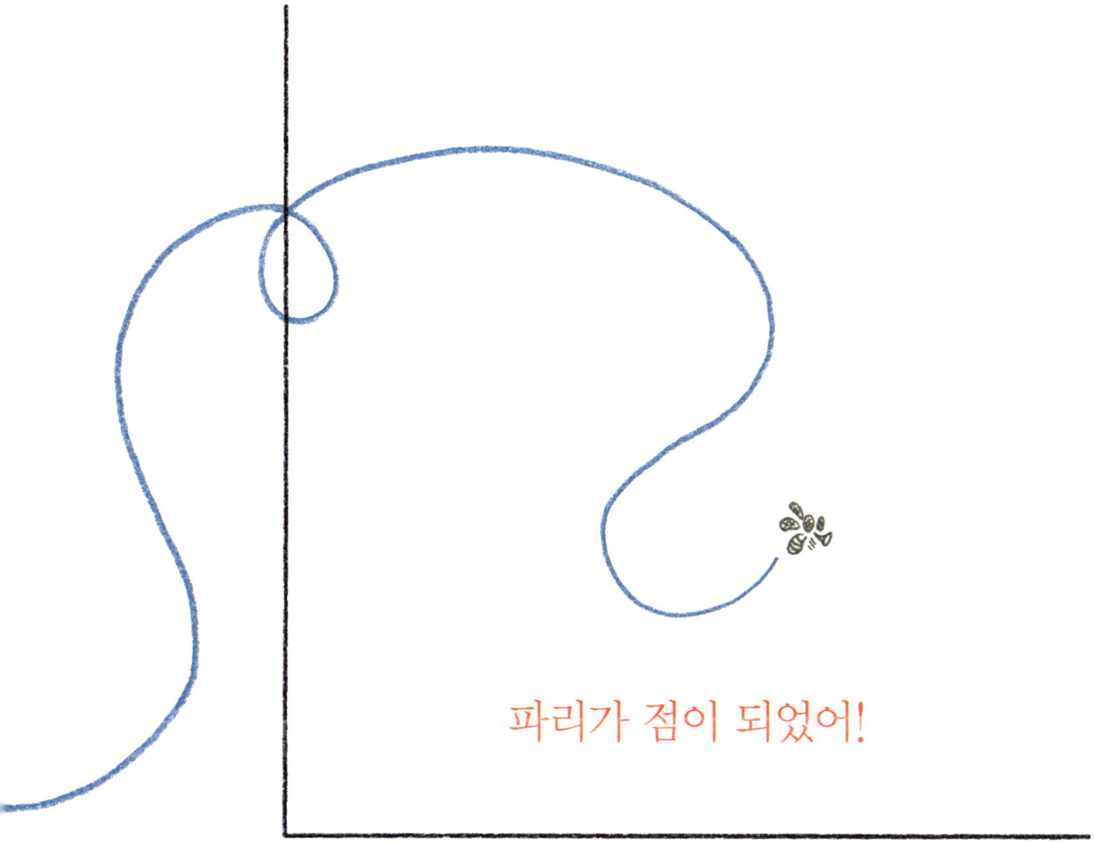

파리가 점이 되었어!

점이야?

파리야?

파리야!

점이야!

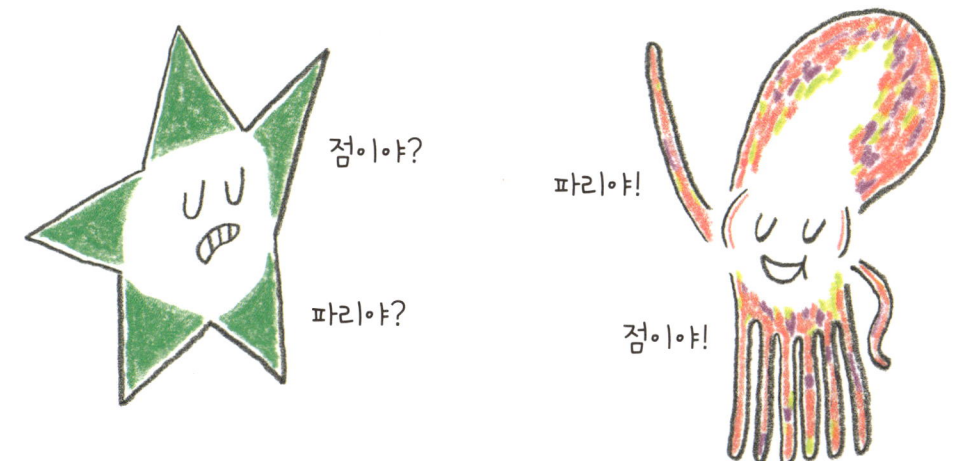

이제 파리가 정확하게 어디에 있는지 말할 수 있어.

눈금을 찍어.

옆으로 칸칸--

눈금을 찍어.

위로 칸칸--

0, 1, 2, 3, 4, 5, 6, 7, 8, 9, 10……

0, 1, 2, 3, 4, 5, 6, 7, 8, 9, 10……

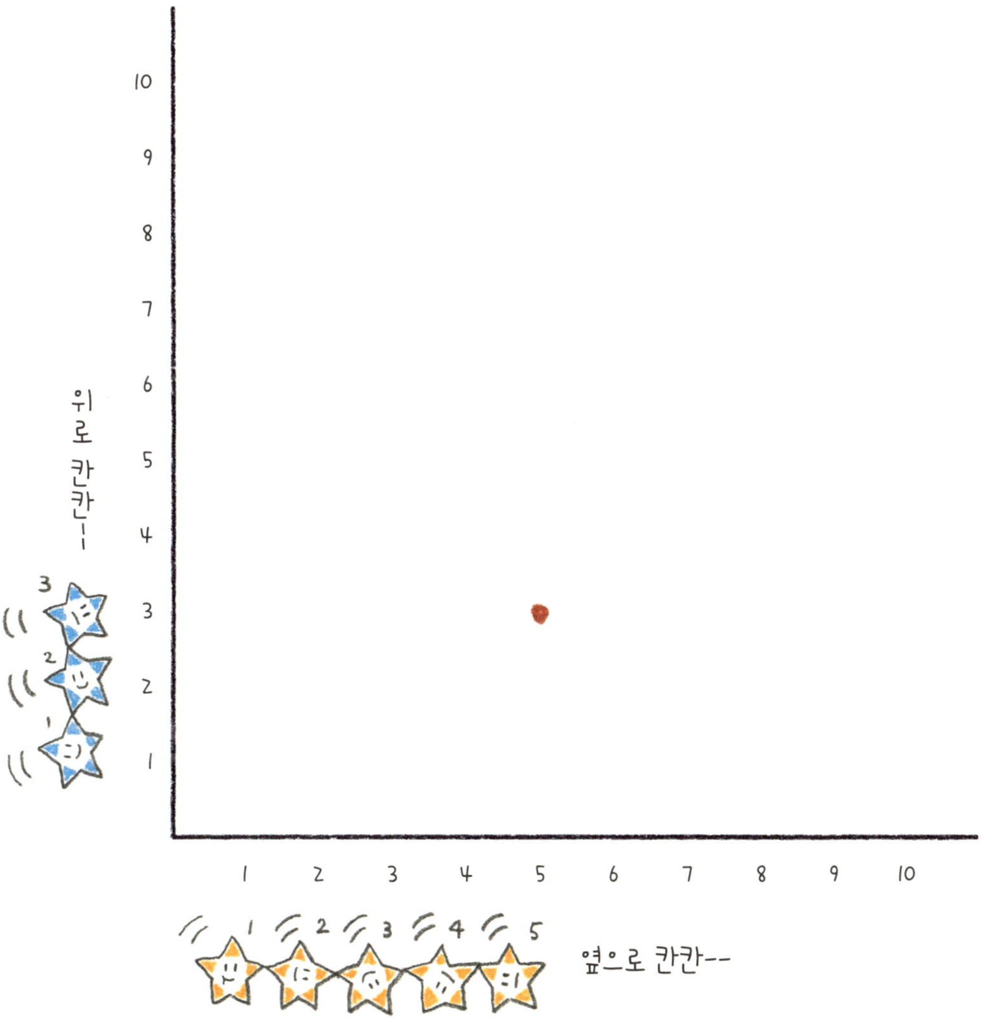
10
9
8
7
6
5
4
3
2
1
1 2 3 4 5 6 7 8 9 10
위로 칸칸--
3
2
1
1 2 3 4 5
옆으로 칸칸--

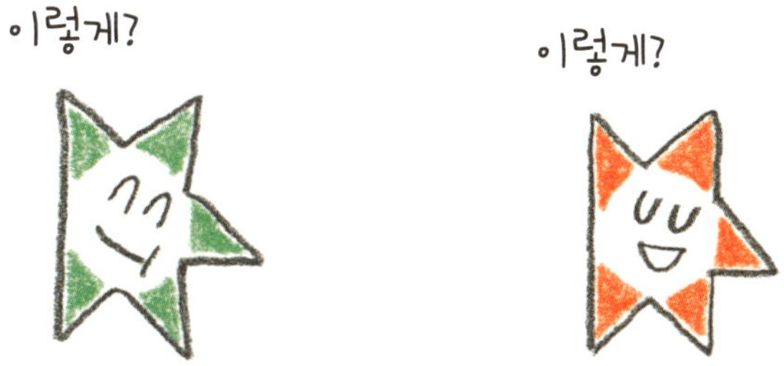
이렇게?
이렇게?

잘했어.
이제 눈금을 세어 볼까?
옆으로 다섯 칸, 위로 세 칸
거기에 파리가 있어.
5콤마 3이야!
"오콤마캄?"
"오콤마콤?"
"오콤콤콤?"
"푸하하하."
"그게 뭐야?"
파리의 주소야.

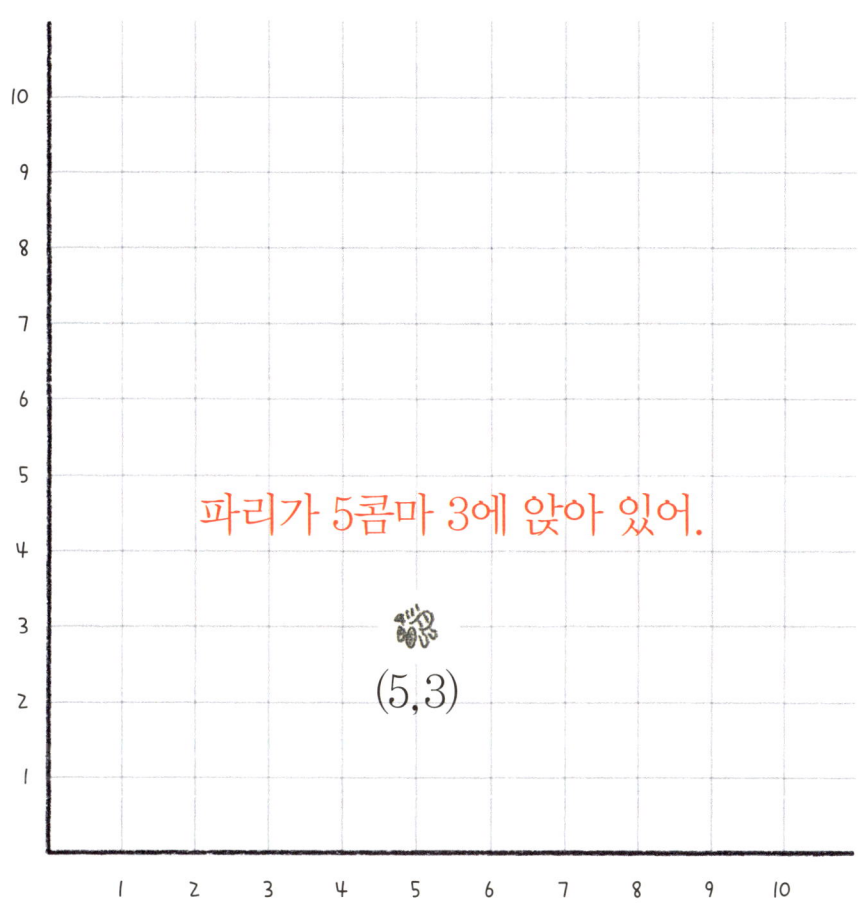

파리가 5콤마 3에 앉아 있어.

(5,3)

5콤마 3이라고?

집 주소?

파리의 주소야.
파리의 좌표야.

"좌표가 뭐야?"
점이 어디에 있는지
콕!
말하고 싶을 때 찍는 거야.
옆으로 칸칸--
위로 칸칸--
눈금을 그리고
점을 찍어.
좌표를 찍어.
몇 콤마 몇!

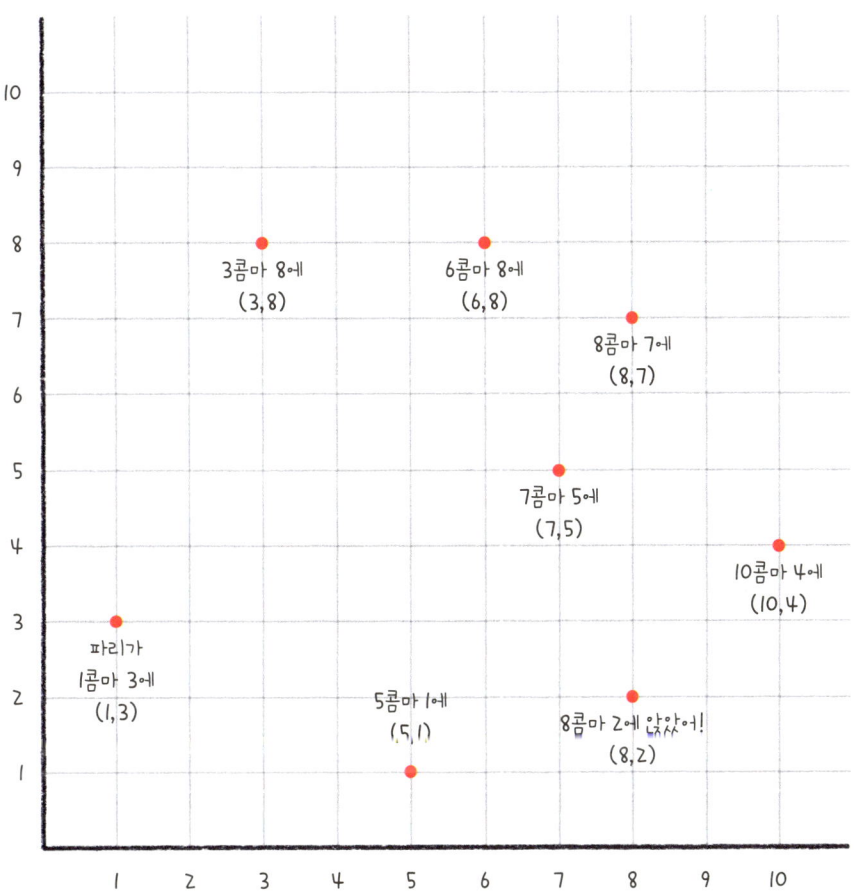

"파리가 자꾸자꾸 돌아다녀."

당연하지. 파리잖아!

어 지 러 워!

파리가 어디 어디 어디 어디 어디 어디 어디에 앉았어?

거기를 모두 이어.

점과 점과 점과 점과 점과 점과 점과 점을 이어!

쭉—쭉—쭉—쭉—쭉—쭉—쭉—쭉—

그래프가 돼!

"그래프가 뭐야?"

점을 이은 거야.

좌표를 이은 거야.

파리가 어디어디에 앉았는지

어떻게 날아갔는지 단박에 알아.

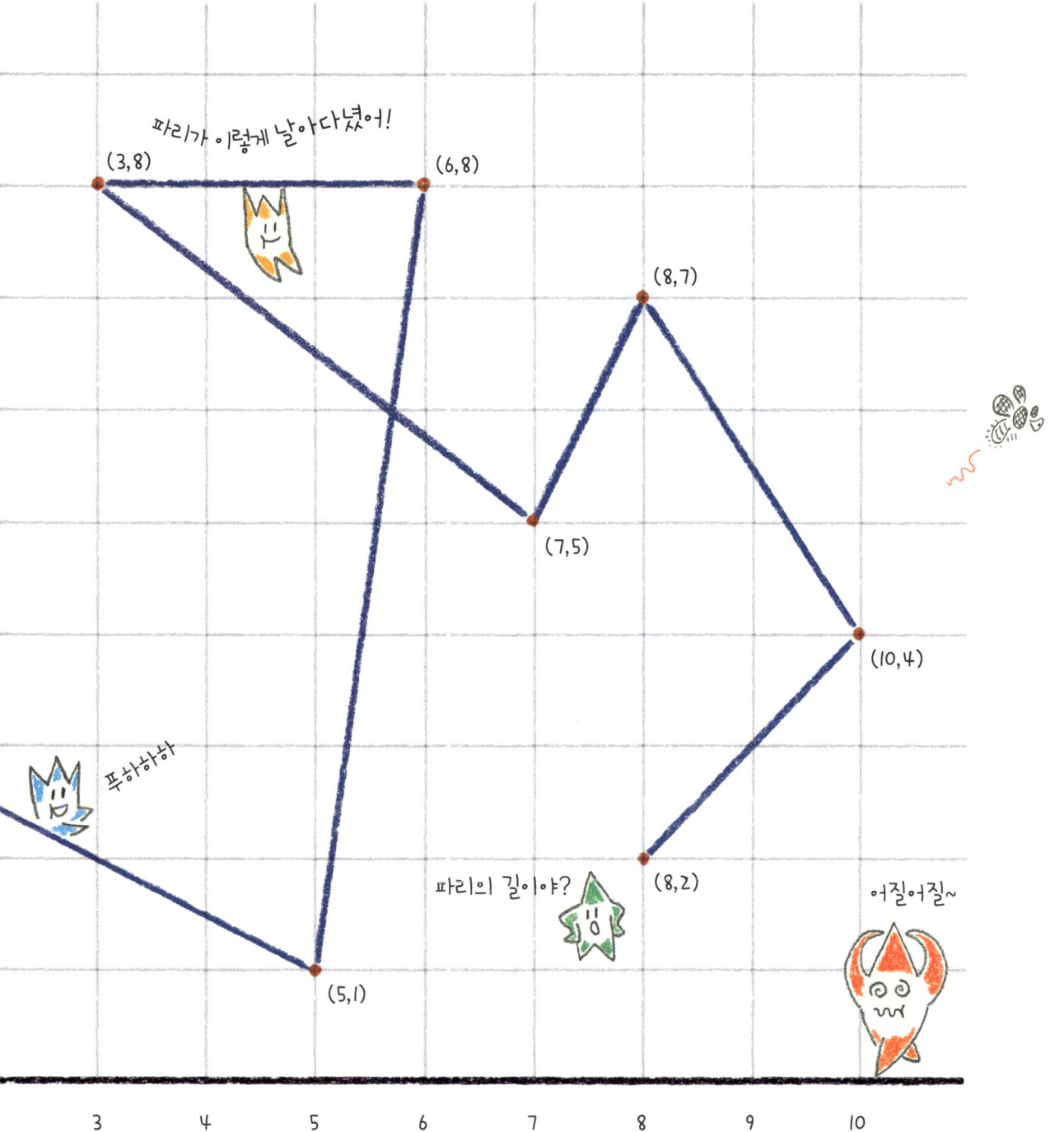

단박에 보여.
파리가 지나간 길이야!

웽~ 파리가 날아가 버렸어.
"파리가 안 오잖아."
"심심해, 심심해."
파리가 없어도 돼.
옆으로 칸칸-- 위로 칸칸--
눈금으로 할 일이 많아.
그래프로 할 일이 많아.
"그걸로 무얼 해?"

옆으로 칸칸에 요일을 써.
위로 칸칸에 용돈을 쓰고.
용돈을 얼마큼 썼는지
단박에 알아.

용돈을 이만큼 썼어!

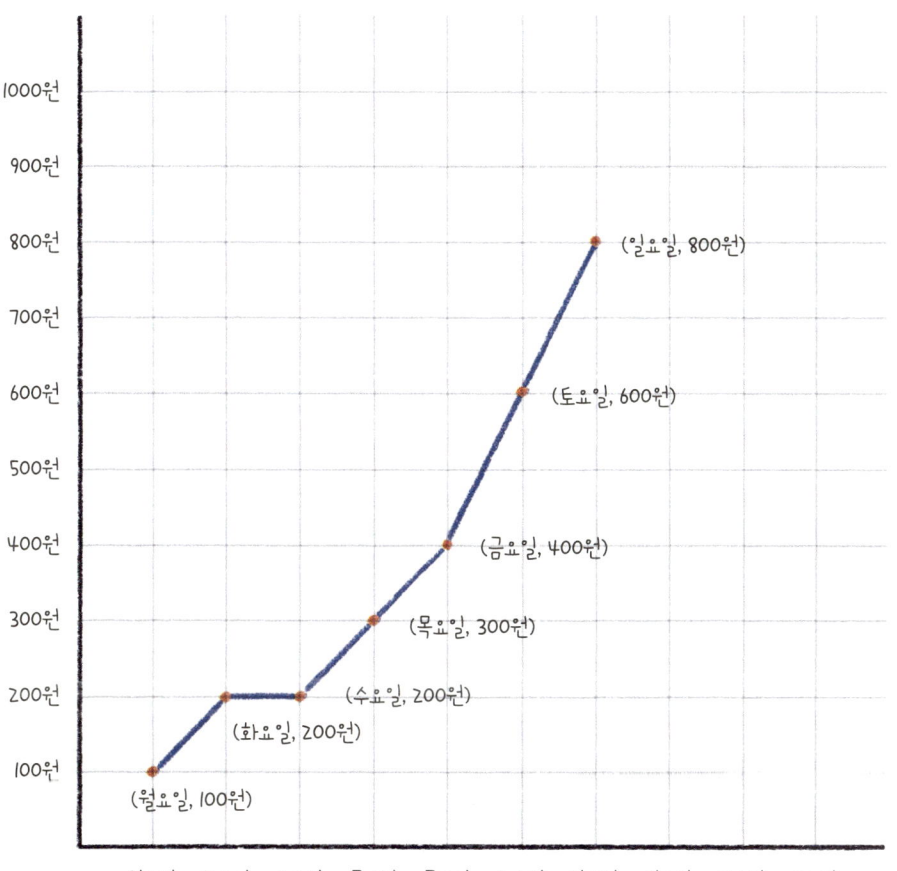

일기 예보

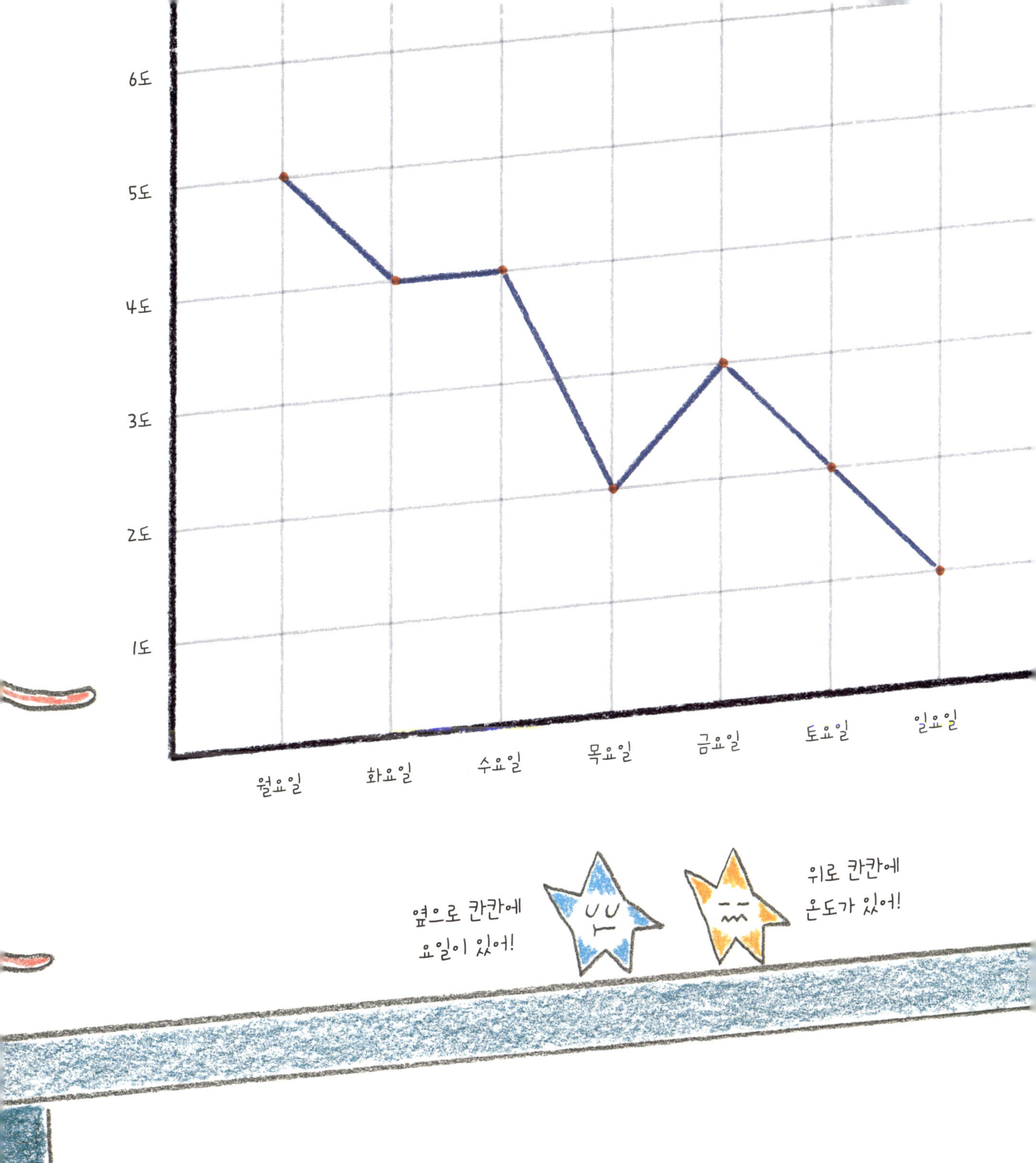

옆으로 칸칸에
요일이 있어!

위로 칸칸에
온도가 있어!

"그래프가 점점 내려가고 있잖아."
"날씨가 점점 더 추워지고 있어."

"추워! 추워!"
"너무 추워. 줄넘기하기 딱 좋은 날씨야."

돌려! 돌려!

하나-

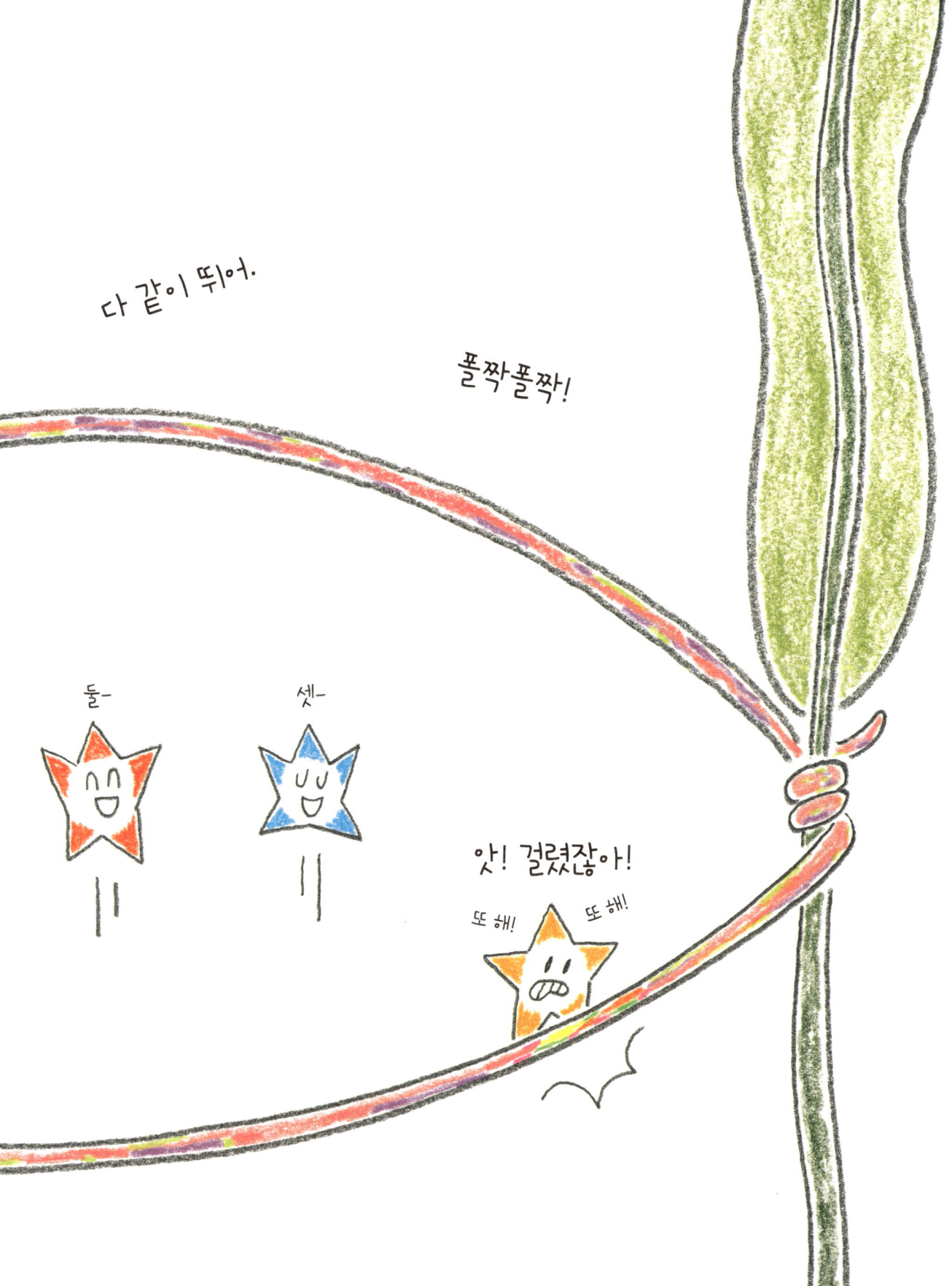

줄넘기를 몇 개 했을까?

횟수	개수	좌표
첫 번째	2개	(1,2)
두 번째	3개	(2,3)
세 번째	3개	(3,3)
네 번째	5개	(4,5)
다섯 번째	9개	(5,9)
여섯 번째	6개	(6,6)
일곱 번째	4개	(7,4)
여덟 번째	7개	(8,7)
아홉 번째	8개	(9,8)
열 번째	6개	(10,6)

뭐야, 뭐야?

못한 거야?

잘한 거야?

연필을 들고 점을 찍어.
몇 번째에 몇 개 했을까?
좌표를 찍어.

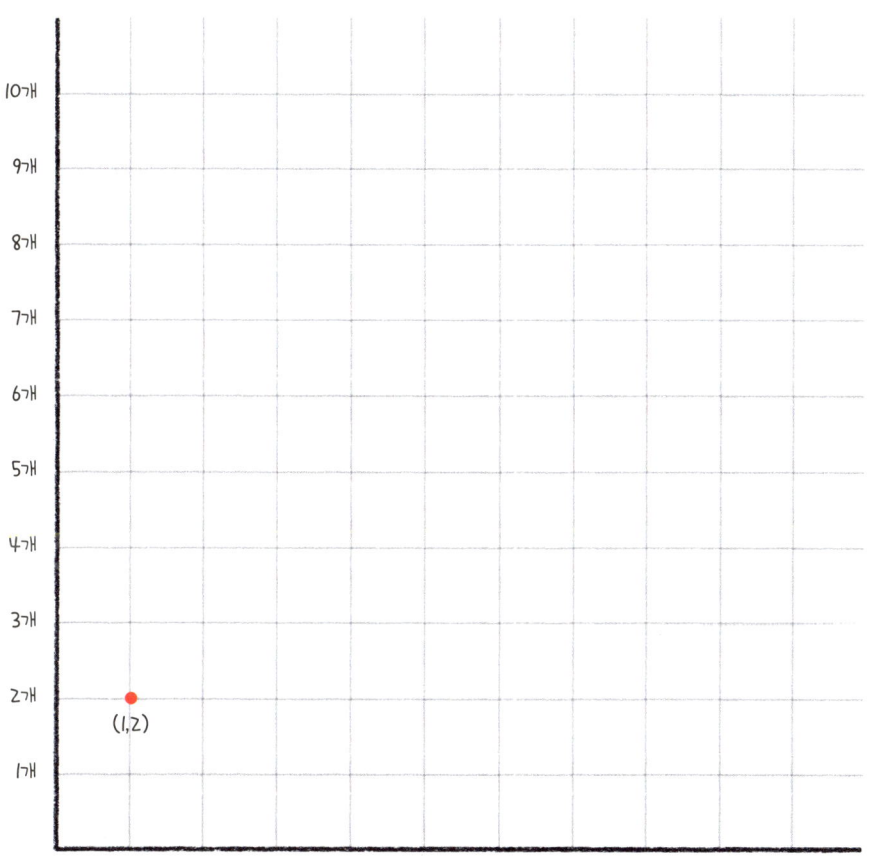

찍었어?
"찍었어!"

꾹꾹!

"찍었다고!"
정말?
"정말!"
그러면 알 수 있어.
"무얼?"
줄넘기를 잘했을까, 못했을까?
"어떻게 알아?"

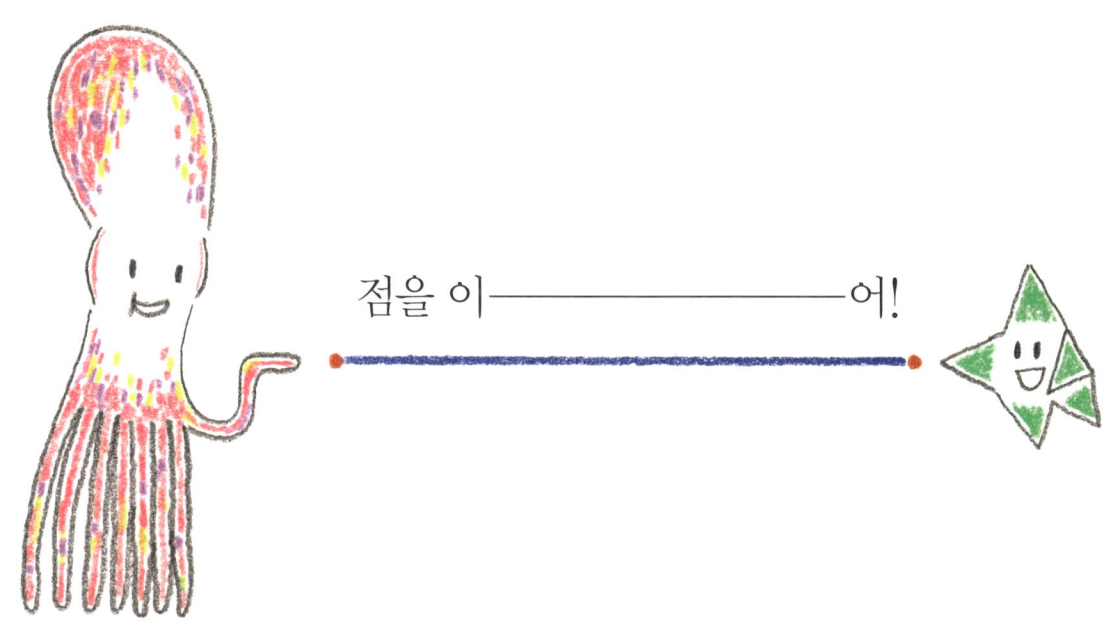

점을 이————어!

점과 점과 점과 점과 점과 점과 점과 점과 점을……
모두 이어.
그래프가 돼.

"우아~ 그래프가 점점 더 올라가고 있어."

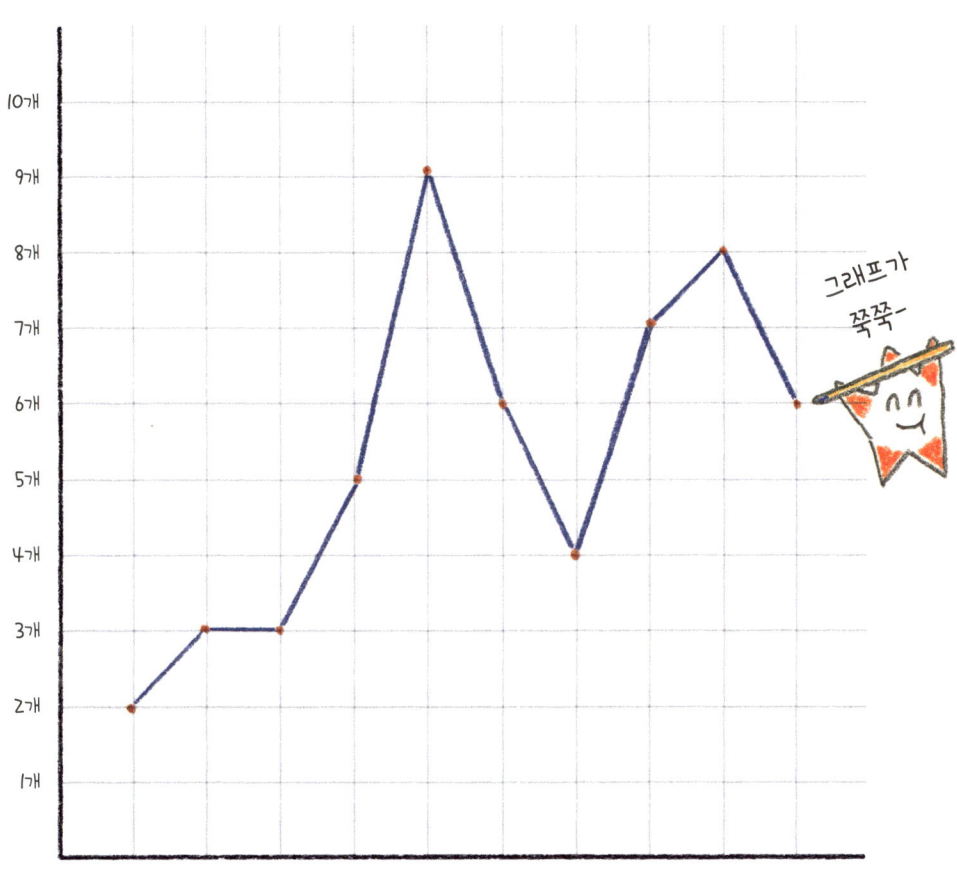

"우리는 줄넘기를 점점 더 잘하고 있어!"

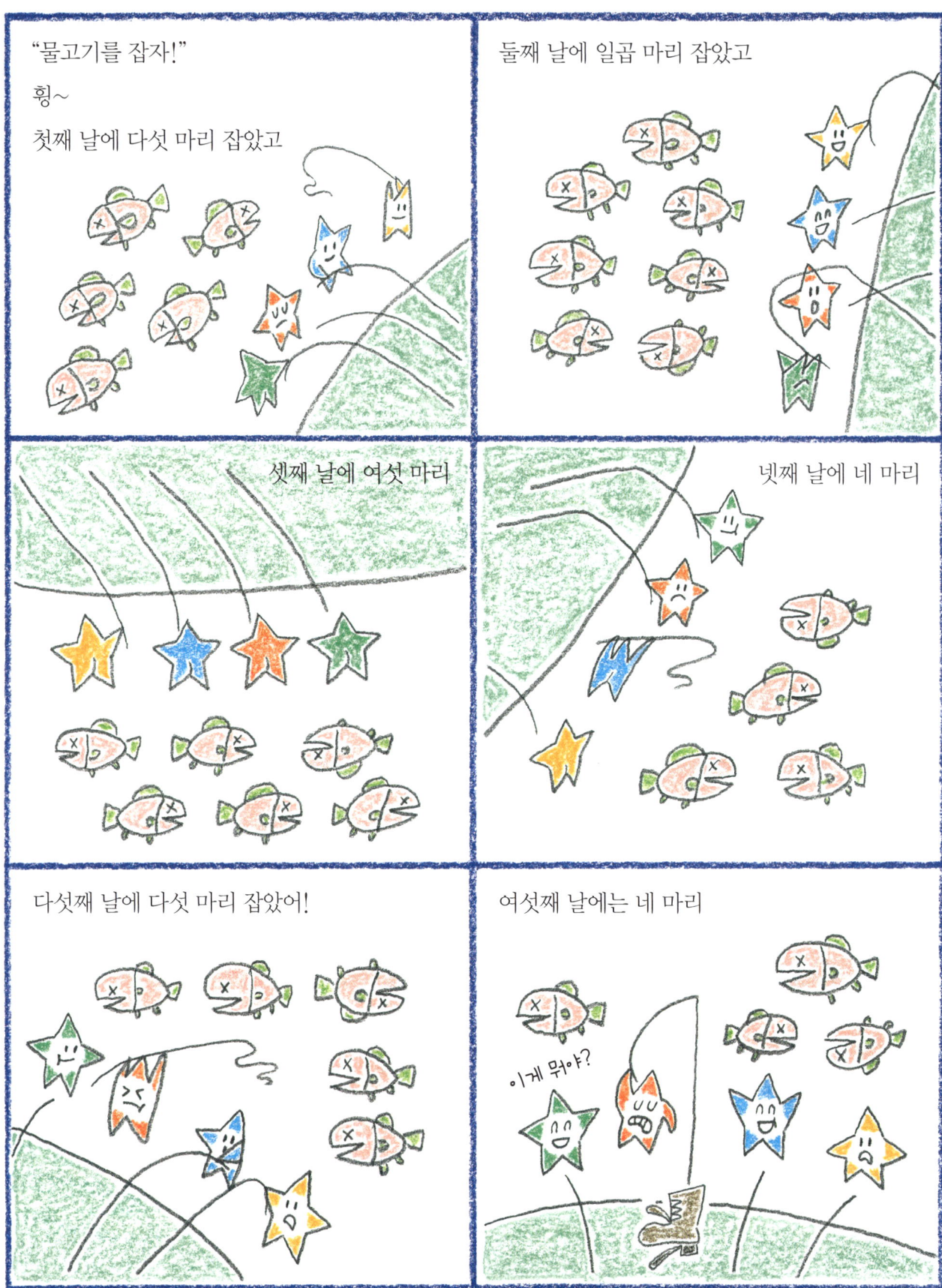

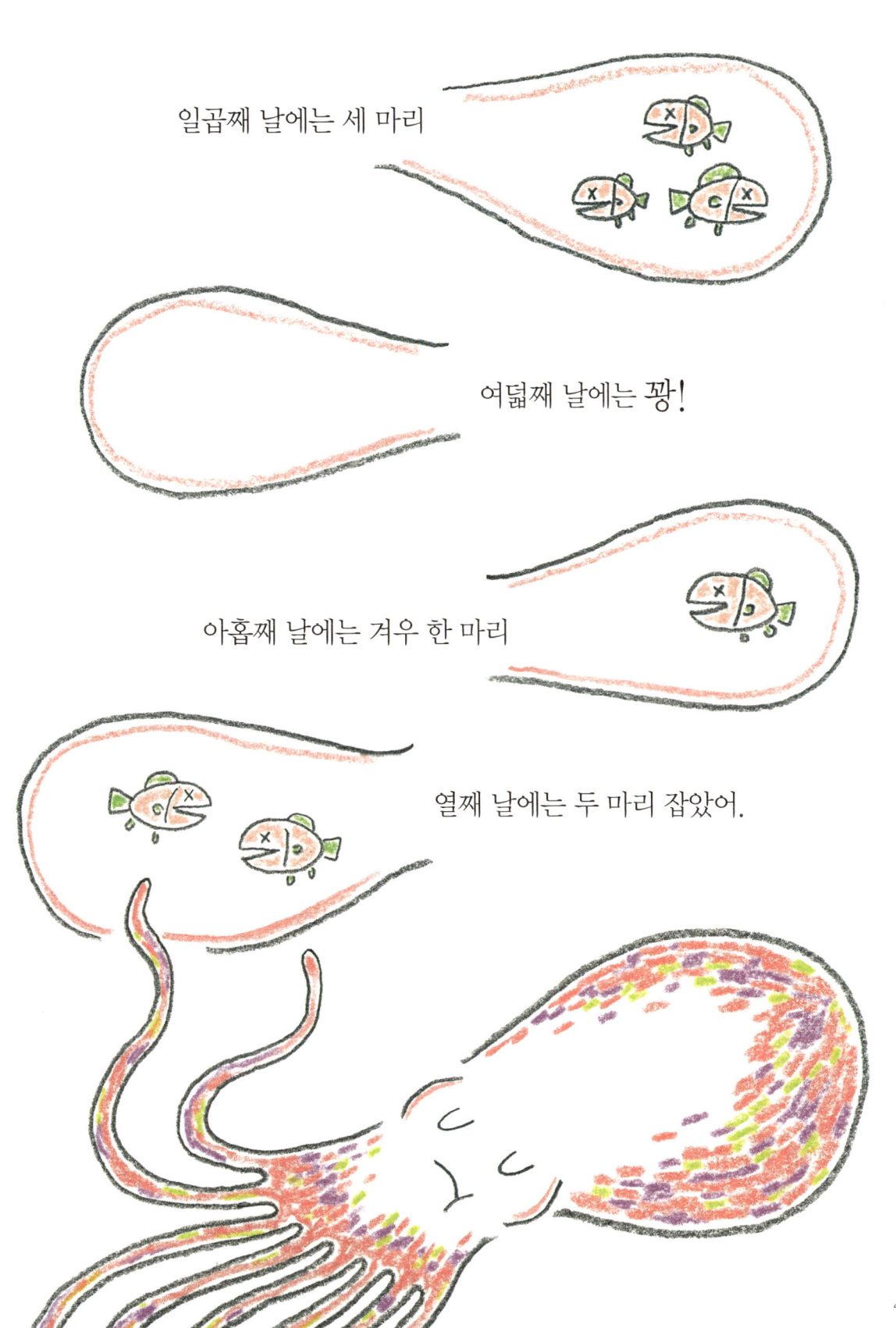

매일매일 이만큼 잡았어!

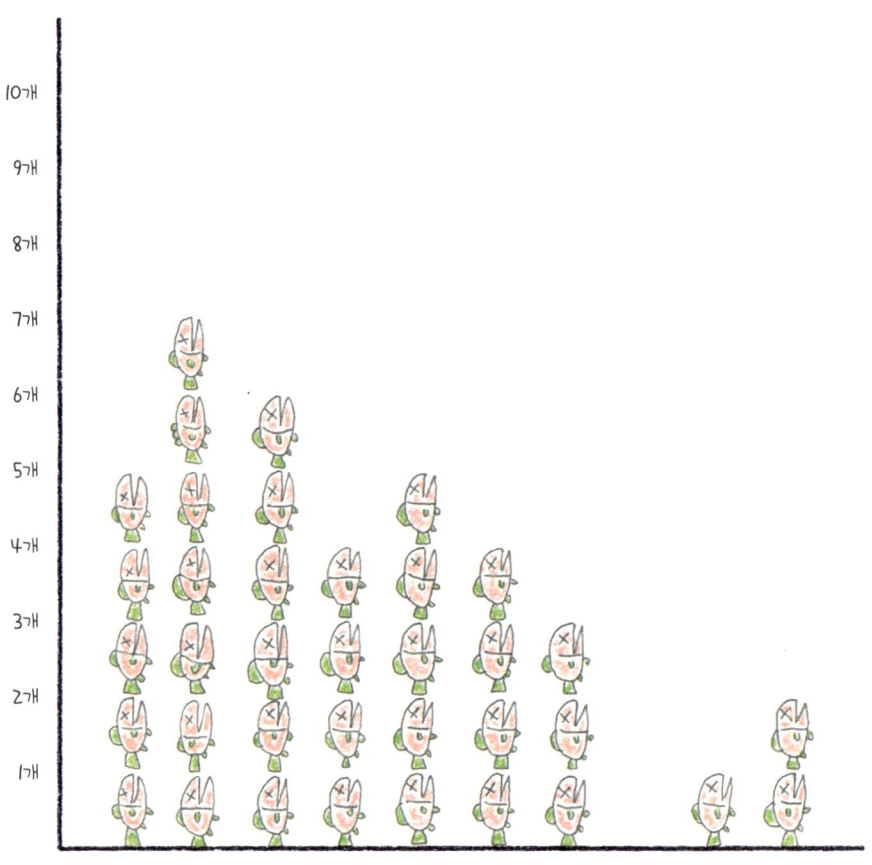

많이 잡았어?

조금 잡았어?

그래프를 봐.

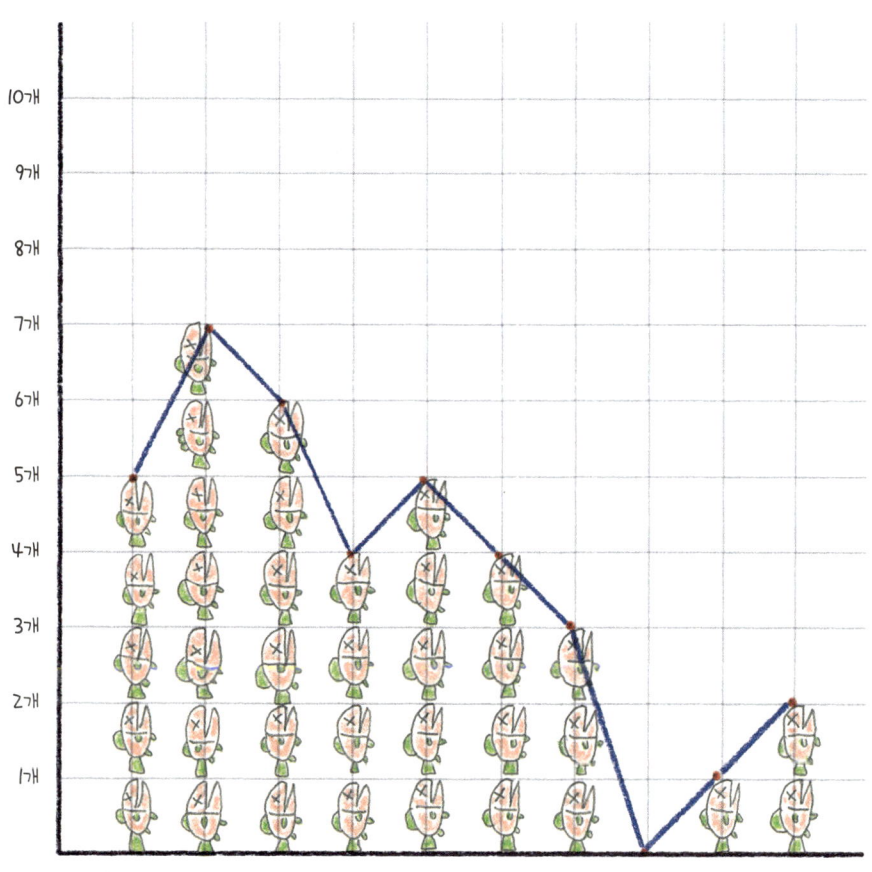

물고기가 점점 줄어들고 있어!

"어떻게 된 거야?"

"우리가 물고기를 못 잡은 거야?"

"그럴 리가."

"강에 물고기가 없는 거야!"

"어떡하지?"

"이사를 가야 해."

어디로 갈 거야?

그래프를 봐. 뚫어지게!

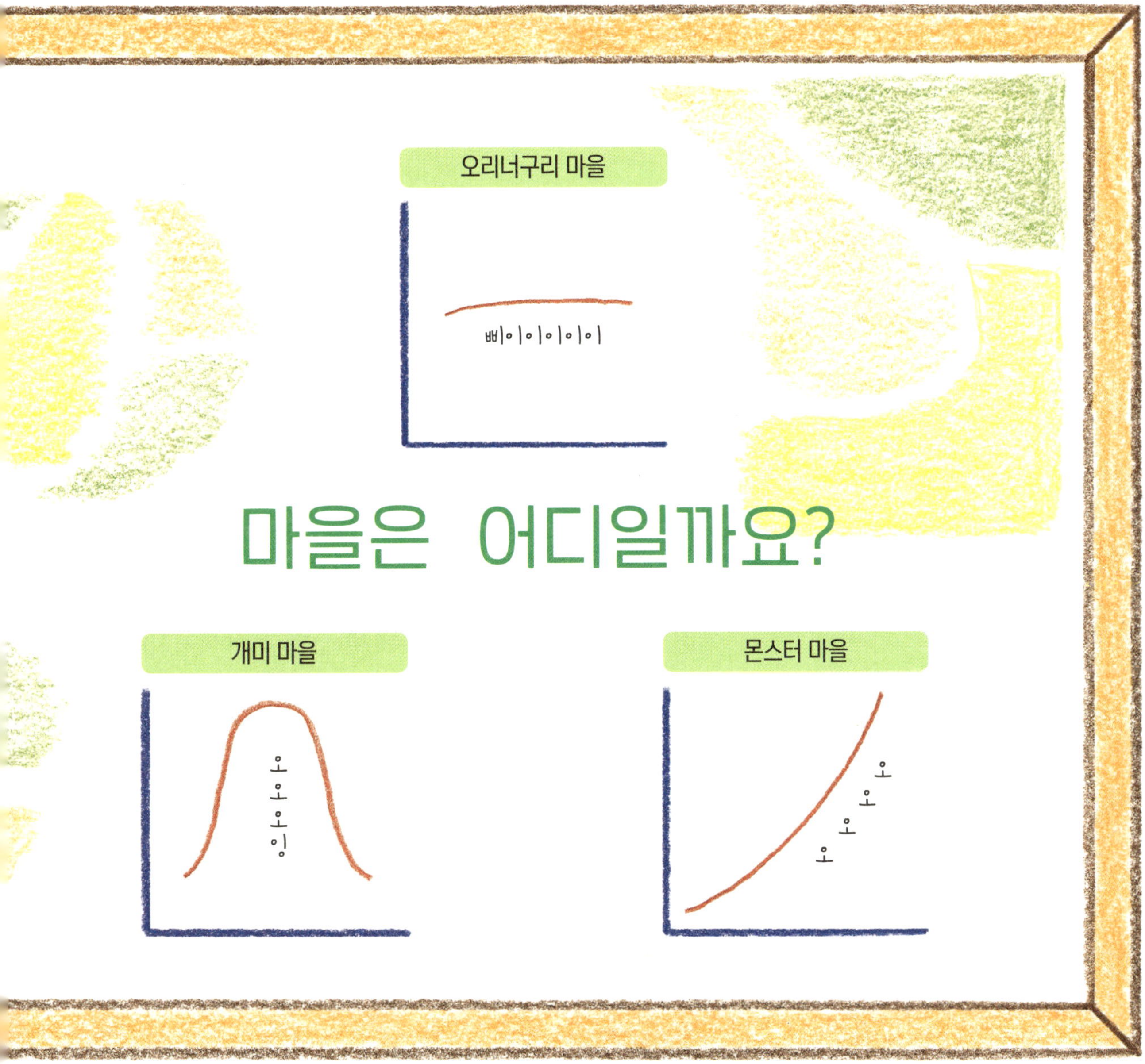

오리너구리 마을

삐이이이이이

마을은 어디일까요?

개미 마을

오오오오잉

몬스터 마을

오 오 오 오

어디로 가지? 어디로 갈까?

저기? 저기?

그것도 몰라?

"돼지 마을은 안 돼."

"땅콩 마을은 못 믿겠어."

"지렁이 마을은 꽝이야."

"오리너구리 마을은 맨날 똑같아."

"개미 마을은 볼 것도 없고."

"그래프를 봐."

"쭉쭉쭉쭉————"

"물고기가 점점 더 많이 잡히는 마을로 가야 해."

"○○○ 마을이잖아!"

우아! 어떻게 알았어?

데카르트 할아버지도 깜짝 놀랄걸?

어떻게 알았니?

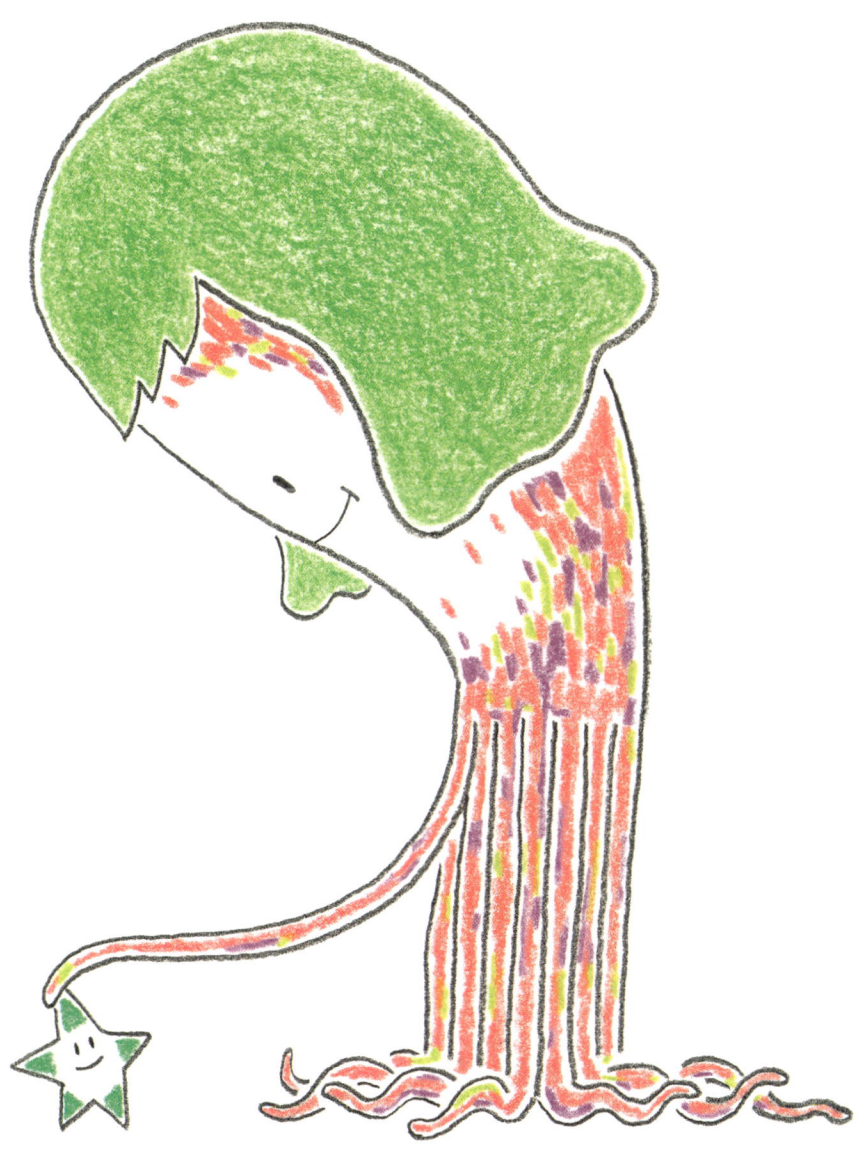

옛날옛날에

수학자의 머릿속에서

이상한 게 튀어나왔어.

이런 게 말이야!

└

숫자도 아니고, 네모도 아니고

도대체 뭐람.

가로로 쭉쭉 끝이 없어.

세로로 쭉쭉 끝이 없네.

칠판에 그리고

지구에 그리고

우주에 그려.

점을 찍어. 점을 이어.

그래프가 돼!

무슨 뜻일까?

로켓이 우주로 가는 비밀이

여기에 있어!

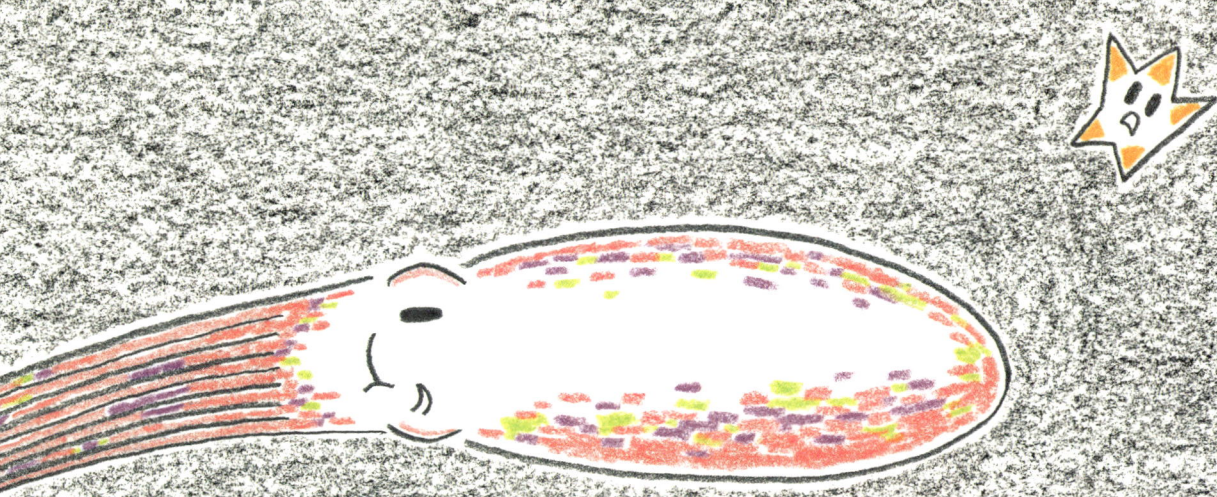

글쓴이 김성화 · 권수진

수학이 뭘까? 수학자는 무얼 할까?
아이들과 이야기하고 싶어서 〈만만한수학〉을 썼어요. 지금까지 돼지, 감자, 땅콩, 지렁이, 콩벌레, 오리너구리, 오리, 문어와 불가사리 들과 열심히 고민했어요.
〈점이 뭐야?〉〈2 주세요!〉〈원은 괴물이야!〉〈분수가 뭐야?〉〈그래프가 쭉쭉!〉
〈고양이가 맨 처음 cm를 배우던 날〉〈미래가 온다, 로봇〉〈미래가 온다, 인공 지능〉 들을 썼어요.

그린이 한성민

책을 좋아하고 그림책을 좋아해요. 디자인과 일러스트레이션을 하다 그림책의 매력에 빠져 그림책 작가가 되었어요. 동물과 식물, 자연과 지구 환경 문제에 관심이 많아 생활 속에서 작은 실천을 통해 지구를 살리기 위해 노력해요. 〈만만한수학〉을 만나 이제는 수학자가 되어 볼까 맨날맨날 고민해요.
〈점이 뭐야?〉〈2 주세요!〉〈원은 괴물이야!〉〈분수가 뭐야?〉〈그래프가 쭉쭉!〉에 그림을 그리고,
〈빨간지구만들기 초록지구만들기〉〈행복한 초록섬〉〈안녕! 만나서 반가워〉〈안전 먼저!〉
〈조용한 밤〉 들을 그리고 썼어요.

만만한수학

1 점이 뭐야?
2 2 주세요!
3 원은 괴물이야!
4 분수가 뭐야?
5 그래프가 쭉쭉!
6 **무한호텔**(출간 예정)

〈만만한수학〉시리즈는 계속됩니다.

우리는 지구 어디에 있을까?